Jun Suk-Hong

시인 전석홍

시간 고속열차를 타고

전석홍 시집

시간 고속열차를 타고

Poetics 시학

■ 시인의 말

시를 써 갈수록 시집을 펴내는 일이 망설여진다
내 시를 내 마음의 거울에 비추어 보면서
과연 세상바람을 쏘여도 괜찮은 것인지 자성해 본다

나는 시간 고속열차를 타고
고빗길 평탄한 길 오르내리며 여기 와 있다
그 사이 겪으며 생각하고 느낀 것을
시의 손을 빌려 써 왔기에
시 한 편 한 편은 내 삶의 얼굴이라 할 수 있다
부끄럽지만 시 쓰기의 작은 이정표 삼아
시집을 엮어 내기로 했다

다산 정약용 선생께서는 '불광불급不狂不及' 이라 했다
하고자 하는 일에 미치지 않으면 이를 수 없다는
따끔한 가르침이다 나의 시 쓰기에 큰 울림으로 다가온다

2012년 10월
전석홍

차 례

■ 시인의 말
■ 작품 해설 | 김재홍

제1부

누가 남산 봉수대에 봉홧불 지피는가 15
빈집이 걸어간다 16
노불老佛로 서다 17
가을 백금 햇살 18
이른 봄 쑥국을 먹으며 19
어머니 손등 20
겨울산 성자 22
담쟁이가 돌담에게 23
피아골을 오르며 24
홍도의 낙조 26
새 생명을 위한 광시곡 28
오래된 의자 30
남산은 지금 불바다 31
시간 고속열차를 타고 32
초당림 나무바다에서 34
지구촌은 한마을이거니 36
책 읽는 소리에 앞날이 밝아 온다 38
실크로드 이끌고 둔황에 가다 39
모든 목숨에는 경계가 있다 40

제2부

침투! 제3땅굴 43
종이학은 날고 싶다 44
돌아오지 않는 다리 46
천안함은 죽어서 말한다 48
북위 38도선 턱밑에 버티고 있다 50
통일기원비 북녘 향해 우뚝하다 51
광화문 다시 열리다 52
독도에 가다 54
마음의 등불 55
어스름 아침 창을 열다 56
겸허히 두 손을 모은다 58
창날과 방패 60
바닷가에 서면 62
어머니의 기도 63
돌계단 발부리가 찡하다 64
그물에 갇혀 산다 66
그 물고기 어느 바다 헤엄치고 있을까 68
하늘공원 70

제3부

가리지 말고 비켜 주세요 73
갈퀴손이 저울 눈금이다 74
교회 첨탑 그늘에 앉아 있다 75
버스표 주고 가세요 76
어느 정치 행사장 흑백필름 78
쌍심지 불꽃에 종이 구멍이 뚫린다 80
그림자 여인 82
해남 물감자 검게 타다 84
리어카가 한 생애의 어둠을 끌고 간다 86
여기사의 꿈은 아름답다 87
겨울나무 88
시간의 막장에 갇히다 89
꽃잎을 밟으며 90
나무는 선 채로 겨울강을 건넌다 91
지렁이의 화려한 외출 92
부글부글 끓고 있다 94
웃는 꽃자리로 95
하지제夏至祭 96
여백론餘白論 97

제4부

고생대의 숨결 101
상대포 뜬구름 102
월출산 연가 104
왕인 오솔길을 걸으며 105
미륵전에서 천 년을 엿보다 106
영산포 등대 광시곡 108
왕인의 바다에 평화의 꽃배를 띄운다 109
마지막 완행열차 떠나 버렸다 110
백제의 큰 별 여기 눕다 111
연곡사 가는 길 112
홍어의 거리를 거닐며 114
영암 F1의 노래 115
나주벌이 잠깐 멈춘다 116
운조루雲鳥樓 옛 뜰을 거닐며 118
내 마음의 대숲 속에서 120
고향에 살자 122
이승의 오두막 한 채 124
미아 일기 126
상낙월 하낙월의 노래 128

제1부

누가 남산 봉수대에 봉홧불 지피는가

메마른 가지마다
묻어 둔 웃음꽃 활짝 터뜨리는
남산의 벚꽃들

사월의 꽃불 활활 타오른다

현란하게 쏟아 내는 꽃들의 방언들
세상을 바라보는 경이의 눈망울을 보아라
바람도 지나다 살짝 볼을 부비고
햇살도 내려와 나비 날개 펼쳐 노닌다

바라만 보아도 아지랑이 가슴이 트인다
꽉 막힌 시멘트 감옥을 뚫고 나가
내 마음의 오지를 환히 밝혀야겠다

빈집이 걸어간다

두 기둥이 허술하다
휘어져 뒤뚱뒤뚱 걸어간다

집 한 채 지붕을 이고
천근만근 살림의 무게
생의 이 굽이까지 버티어 왔구나

바람 막아 키워 낸 여린 꽃잎들
어느새 시간의 물보라를 타고
저마다 꽃자리 찾아갔느니

바람서리 지붕엔 잡초 무성하고
틈새 틈새마다 빗물 조용조용 스며드는구나
홀로 남겨진 저 빈집
찬 바람만 제집 삼아 스쳐 간다

노불老佛로 서다

구름처럼 흘러간 천 년이 고여
노불로 서 있다
용문사 은행나무 한 그루

발부리를 적시며 흘러가는 물소리가
대자연의 정령을 일깨우고
절간에서 날아드는 목탁새들
가슴 쪼며 스며들어 화엄의 집 지었구나

지나가는 발걸음마다
크나큰 그림자 그늘 안에 멈추어 서서
고단한 삶의 길
두 손 모두어 비나리 비나리 하느니

그냥 노거수老巨樹가 아니라
풍상세월 이겨 나온
마음 생불 되어 등불 비추어 주는구나

가을 백금 햇살

들솥밥을 익히는 따가움 속에
상큼한 산들바람 내음이 번지고 있다

내리쪼이는 직사광선이 에돌아
빗살무늬로 스쳐 간다

어디서 묻혀 오는가
익어 가는 사과 껍질 내음
볼 붉은 촉감이 실핏줄에 배어든다

한살이 꼬리를 흔들며
흔들며 어디론가 가물가물
사라져 가는 가을 백금의 햇살

이른 봄 쑥국을 먹으며

밥상머리 싱그러운 풀 내음과 마주 앉는다
문득 아득한 날의 하늘이
한 점 추억의 흰 구름으로 떠가고

막막한 고향 들판 산자락에
소복소복 돋아나는 쑥무리들
봄 햇살 치마폭에 안기어 살랑거린다

해묵은 대바구니 끼고 사립 나서는 누님
작은 깨끼칼 움켜쥐고
하늘곡식 거두어들이듯 한 포기 한 포기 쑥을 캐서
바구니 가득 봄을 안고 돌아온다

밥 알갱이 둥둥 떠다니는
쑥국물 훌훌 마시면서
고단한 가난의 봄강을 건너던 그 시절이
쑥국에 실려 돛배처럼 흘러간다

오늘에는 쑥국을 건강식이라 호들갑 피우는 세상인데

어머니 손등

홀로 걷는다 굴참나무 숲길을
쭉쭉 벋어 오르는 굴참나무 가족들
그들만의 방언과 몸짓으로 길을 트며
아늑한 숲 세상 더불어 호사를 누리고 있다

나무줄기 목마를 타는 가지와 잎사귀들
하늘 난간에 초롱초롱 매달려
눈부신 햇살 온 몸뚱이에 받으면서
살랑살랑 조막손을 흔들어 댄다

가지와 잎사귀를 몸통으로 떠받치는
줄기의 살갗이 바람서리에 절었구나
가뭄 논둥처럼 쩍쩍 갈라진 골창마다
속 아린 사연이 내력으로 녹아 있구나

바람 많은 가지들 하늘처럼 머리에 이고
고단한 삶의 너덜길 묵묵히 헤치며
서릿바람 피멍길을 걸어오신 어머니 손등

뉘 볼세라 때묻은 치마폭에 감추시던
어머니의 눈물 한 방울

겨울산 성자

냉기 절은 몸뚱어리 천근만근 무겁구나
볕뉘 포대기 한 줌 걸치지 않은
맨사뎅이 나무들 등짝에 비켜 업고
계절의 강을 건너가는 높낮은 산의 가솔들

삶의 빙점에서 휘몰아치는 한파가
이 겨울 유난히 혹독하다
큰 산 작은 산들 어깨 겯고 기대면서
눈보라 가려 주는 바람벽이 되는구나

안개꽃 피어오르는 저 산 너머를 향해
애오라지 참고 이겨 내야 하느니
얼음비수 가슴에 꽂고
다독이며 부추기며 걸어온 한 길이여

한 생 뼛골 시린 남루를 드리우고
세월의 언 강을 건네주시던 어머니
오늘도 하이얀 겨울산으로 서서
내 가는 길을 성자처럼 굽어보고 계시네

담쟁이가 돌담에게

산골 마을 돌담 담쟁이덩굴이 나를 반긴다
새파란 덩굴손을 하늘하늘 흔들어 대면서

지천으로 깔린 크고 작은 돌멩이들
오순도순 귓불을 맞대고
귀엣말 속삭속삭 다정스레 줄지어 있다

땅바닥을 기지 않는 담쟁이덩굴이
돌벼랑을 붙잡고 포복으로 기어올라
하늘 길 한 땀 한 땀 열어 가면서
품 안에 돌담을 얼기설기 감싸 안고 간다

'돌담 고마워, 넌 영원한 내 삶터야'
'담쟁이 네가 고마워, 네가 있어 난 언제나 탄탄해'
주고받는 속삭임이 내 마음의 귀청을 울린다

너와 나, 돌담과 담쟁이 되어
서로 기대고 기대어 주는 그런 삶을 열어 가야 하리

피아골을 오르며

비스듬히 허리를 굽히니
산이 길을 열어 준다
세모난 돌, 네모 돌, 이지러진 돌
얼굴 다른 바윗돌들이 가로누워
내딛는 내 발을 하늘처럼 떠받친다

산을 지키는 파수꾼 나무와
가부좌 튼 바위 틈새를 요리조리 파고들며
나를 이끌어 가는 바윗돌 쇠스랑 길,
수없는 발걸음들의 지문이 가슴에 박히고
흔들리는 역사의 강물 굽이굽이는
누군가 삶의 갈림길이 되기도 했으리라

바람도 숨을 죽이고
깊은 골 물소리만 차고 시린데
새 울음소리 암호처럼 울려 퍼지는 곳

오늘도 말없이 마주치며

스쳐 가는 발걸음마다

오르내리는 노둣돌 등불이 되어 주는구나

홍도의 낙조

서녘 하늘 처마 끝에 매달린 크나큰 등불
섬 덩어리를 온통 능금 빛깔로 물들인다
내 몸도 마음도 새빨갛게 적셔져
그 이름 홍도라 불러 왔는가

유리 물비늘 은하처럼 반짝이는 바다
가물가물 수평선으로 이어지는
한 줄기 찬란한 실크로드가 열리고
타오르는 장밋빛 양탄자가
수평선 너머까지 펼쳐진다

그 안엔 다른 아무것도 없다
오직 생명의 원색만 황홀하게 출렁일 뿐
'오라, 가뿐 밟고 오라' 는 태초의 손짓이 있을 뿐

서 있는 이 자리가
내 마음의 고향인가
남루해진 내 넋을 부려 버리고

노을 속을 타박타박 걸어가고 싶어라
저 곱고 아름다운 순례의 길을

새 생명을 위한 광시곡

오라! 이 꽃동산으로
나비잠 날개를 타고
사뿐사뿐 춤추며 오라
너희들 위해 설레는 마음으로
향기 짙은 꽃마을 가꾸어 놓았느니

꽃밭에서 어울리는 이 빛누리
눈부시도록 아름다우리라
햇살도 쏟살 내려와 손길 따스히 내밀고
산들바람 가만가만 어깨 어루만지리

나는 두 팔을 걷어붙이고
흥에 겨워 콧노래를 흥얼거리면서
흙을 고르고 물이랑 북돋워
행복의 씨앗을 심어 가리라

그 어느 날 내 먼 길 떠난 후엔
더 아름다운 꽃동산 너희가 이어 가꾸어

또다시 새 생명을 맞이하리
생명에서 생명으로 물결쳐 고리 지어 가느니

오래된 의자

아직도 네 체온 은은히 묻어난다
쓰린 땀띠 온갖 눈물 참고 견디며
무지개 꿈 달구어 온 네 오랜 친구

그새 네 뼛골과 살무늬 송송 배어들어
바로 너와 한 몸 되었구나
의자를 바라보는 것은 너를 마주하는 것

안개 자욱한 어느 저녁답
홀로 남겨진 오랜 의자
내 책상 앞에 데려다 놓고

높다란 등대에 기대 앉아
한 줄 시를 쓰나니
네 핏줄 내 온몸을 타고 아른아른 흐른다

남산은 지금 불바다

백두대간 산줄기를 타고
북한산을 불태우며 번져 오는 불폭풍
서울 봉홧불 활활 태우고 있네

나무줄기 봉대에 켠 이파리 불꽃, 불의 군단
장안 골골 빨갛게 물들이네
시멘트집 까치집 모두 달뜨게 하네

포연 자욱 불 끄는 이 하나 없네
물을 뿜는 소방차도 소방관도
소방헬기 그림자도 어른거리지 않네

불길 토네이도 속에 사람들 빨려 들고
두 팔 맘껏 뻗어 막힌 가슴에 불을 밝히네
시간 강물에 출렁이며 모두 함께 도도히 흘러가네

시간 고속열차를 타고

— 사랑하는 우진에게

1.

산골 간이역에서 시간 고속열차를 탔느니라
고빗길 평탄한 길 수없이 오내리며
거쳐 온 세상은 아름다웠어라

화평한 가정은 힘의 샘이었느니
신이 주신 귀한 가족이 있어
힘껏 뛸 수 있었고 행복했노라

2.

시간은 누구에게나 똑같이 왔다가
기다림 없이 지나가 버리는 것
무명의 이 시간을 네 것으로 만드는 것은 오직 너뿐
'걷는 자만이 앞으로 나아간다' 가훈 이어받아
분초를 하늘의 무게로 알고
너만의 땀으로 네 꼬리표를 붙여야 하리

3.

시간 고속열차는 무한에서 무한으로 달린다
그러나 사람은 누구나 어느 간이역에서
맨몸으로 혼자 내려야 하는 것
몸과 영혼은 가고 남는 것은 오직 이름뿐이리니
네 이름에 검은 덧칠을 하지 말아야 하리
정직, 성실, 신의의 표지를 꽝꽝 못 박아
간이역에 내릴 때 한 점 부끄럼이 없어야 하리

초당림 나무바다에서

울창한 숲 하늘을 뒤덮는다
맨손으로 의지의 삽날 다시 세워
민둥산 덩이덩이 숨길 막히는 돌산에
숨구멍을 뚫어 새 숨결 불어넣었네

천 헥타르의 비탈바지 산골마다
오백만 그루 생명의 숨결 쭉쭉 뻗쳐오르는
백합나무 편백 삼나무 테다소나무
반백의 나이테들 깊어 가면서
푸른 하늘 향해 초록 깃발 연신 흔들어 댄다

바람 따라 구름 따라 번어 나가는
백 리 숲길 사색의 오솔길에
푸른 그늘 드리워 내 발길 적시어 주네

가고파라, 고요 바다 물결치는 초당림* 숲 속
먼 길 지고 온 세속의 티끌 짐 다 부려 버리고

맑은 숲의 호수에 내 영혼 잠겨 보리라

* 전남 강진군 칠량면에 있는 숲.

지구촌은 한마을이거니

1.
해맑은 이방의 여인 한 사람
잔잔한 웃음을 머금고 시상대에 올라선다
다문화 부문 대상 태국의 '탄야캄마'

눈 설고 말 설은 충주 변두리 한 농가에
조촐한 보금자리를 꾸렸다
아침나절 지아비 도와 논일 밭일 거들고
저녁나절엔 다문화센터 찾아
통역, 번역사로 고단한 이주여성들을 돕는다

2.
상금 천만 원!
꽃다발을 받쳐 든 젊은이 하나
순박한 얼굴로 수상자 앞에 나선다
작은 키 가무잡잡한 농투성이
오늘만은 정장 차림 누구에 못지않다
가슴 가득 피운 마음꽃을 주고받는

다문화가족의 풍경들이 슬픈 듯 아름다워라

지구촌은 한마을이거니
인류는 한뿌리이거니
한사랑농촌문화상*이
사랑과 평화의 끈을 하나로 맺어 주는구나

* 한사랑농촌문화재단에서 주는 상.

책 읽는 소리에 앞날이 밝아 온다

손때 묻은 온갖 책들 바닥까지 꽉 들어차 있다
으슥한 지하 헌책방에 도서 목록 움켜쥐고
풀방구리처럼 드나드는 어머니들
부지런한 발걸음이 눈발처럼 붐비다

안쪽 문학편 차례차례 훑어보는데 문득
책꽂이 사이에서 들려온다 책 읽는 맑은 목소리
엄마 옆 쪼그려 앉은 어린 딸이 숨죽여 듣고 있다
사내아인 혼자 책의 늪 속에 가랑잎처럼 흩날리고

책 읽기는 몇 번이고 다시 이어진다
라디오 성우보다 더 또렷한 목소리
오내리는 억양이 이야기 물길 따라 흘러내리고
아이는 마음의 돛배를 빈 바다에 띄운다

나도 한참 귀를 쫑긋 그 소리를 듣는다
어머니들 하늘 닿는 저 지극정성이
온 나라 성장탑의 노둣돌을 놓았거니
미래의 아침 햇살이 책 읽는 소리에 눈부시다

실크로드 이끌고 둔황에 가다

꽃밭에 모여드는 범나비 같다
엄마 손을 잡고 하나 둘
실크로드 전시장을 찾아드는 어린이들
목소리에 통통 실로폰이 튕겨 오른다

화면 하나하나 짚어 가며
실크로드 환히 열어 나가는
엄마의 맑은 귀울림이
내 마음 호수에 물이랑을 일으킨다

둔황, 혜초, 왕오천축국전
저마다의 눈높이로 자근자근 새김질해
자양분을 만들어 주는 엄마
어린이의 허물없는 스승이거니

생생한 현장에 애들 데려 다니며
드넓은 꿈밭을 일구어 주는
저 엄마의 불꽃 열정이
나라의 앞날을 밝히는 등불이어라

모든 목숨에는 경계가 있다

세상 도처에는
넘어서는 안 되는 금지선이 널려 있다
맑은 마음의 눈에만 다 보이는 그것들이

경계 그 너머 어둠의 블랙홀이 도사리고 있는 것을
마음 눈이 흐린 어둠의 사람들은
'설마' 하다 수렁 속에 빠져드는구나

'아니다, 아니다!' 맑게 눈을 뜨고
정수리 위 하늘 우러르면
섬광 눈빛들이 번뜩인다

가진 것 다 내던져 원점 회귀 하고 싶지만
이젠 되돌아갈 수 없는 삶의 외통수길,
하나뿐인 이름마저 갈기갈기 찢기고 헐려

아! 뒤늦게 깨달아 되돌릴 수 없는
아스라한 목숨의 경계선이여

제2부

침투! 제3땅굴

지하 이십오 층 가파른 비탈길을 내려간다
어둠 속을 파고드는 땅강아지처럼
태초의 칠흑 바위 가슴을 뚫고
한 땀 한 땀 내 심장부를 조여 오는 땅 · 굴 ·
경계의 방어망에 걸려 숨죽이고 있다

울퉁불퉁 튕겨진 돌바닥을 칼발로 걸으며
북쪽으로 북쪽으로 침투해 가는데
물방울 방울방울 맺히는
들쭉날쭉 천장 모난 돌귀가 쿵!
안전모를 찍으며
등허리를 더 굽혀 걸으라 한다

희미한 전등불빛 길잡이 삼아
빨간 해골표 정지선에 멈추어 서니
북녘 통로에서 밀려드는 시커먼 음모가
칼바람으로 몰아쳐 온다
내 마음의 경계철선에 불을 지핀다

종이학은 날고 싶다
— 도라산역에 서서

오가는 열차 그림자 하나 없다
선로만 빈 바람 싣고 남북으로 달려갈 뿐
쌍불 신호등이 철길을 가로막고
'정지!' 붉은 표지가 발걸음을 멈추어 세운다

북쪽으로 평양 205km 남쪽으로 서울 56km
방향 표지판 눈빛 부시는데
어느 쪽으로도 몸뚱이 실어 가지 못해
역구내에서 헛바람으로 맴돌 뿐

'북쪽으로 가는 첫 번째 역입니다'
돌벽 글귀가 내 마음을 뒤흔든다
상상의 나래는 압록 건너 유라시아대륙으로 내닫는데
철마의 쇠바퀴 소리 까마득하다

주인 없는 매표소엔 기념스탬프만 분주하고
어린 학생들이 소망의 종이를 접어 날린다

휴전선을 넘어 기차여행 떠나가고픈
이 시대 오색 종이학들의 서글픈 꿈이
가시철망 바람에 걸려 파닥거린다

돌아오지 않는 다리
— 판문점에서

검은 띠 한 줄이
길쭉한 책상 한가운데를 가로지른다
차안과 피안을 나눈다

금단의 선을 사이에 두고
목청에 가시가 돋치는 자리
손기手旗만한 유엔 깃발만
귀를 펄럭이며 무언의 소리를 듣고 있다

목숨 걸어 밀고 밀리다가
멈추어 선 검은 피의 휴전선인가
목이 조인 채 눈초리가 팽팽하다

밖에는 가랑비만 하염없이 내리고
도끼만행 표지판이 빗물에 젖고 있는데
대못 붙박인 돌아오지 않는 다리
말없이 북쪽 땅으로 이어달린다

철조망을 날아 귀순해 오는 까마귀 한 쌍
까아악 까아악 빈 하늘에 울음소리를 떨구며
다시 북녘 하늘로 날아간다

천안함은 죽어서 말한다

뱃머리 '722' 첫눈에 각인돼 온다
바닷놀 가르며 서해를 지키던 천 · 안 · 함 ·
천이백 톤 허리 두 동강 난 채
온 몸뚱이 풀어헤치고 조국혼을 일깨운다

백령도 서남방 물길에서
그날 밤* 솟구쳤던 음모의 너울파도
찢긴 상처에 포탄으로 박혀 증언한다
어둠의 세력 폭력의 짓이라고

펑펑 내뿜던 연통 숨길 멈추고
온몸 선체의 신경망 다 끊겨
어둠의 블랙홀에 빨려들 때
조국의 수호신으로 산화된 마흔여섯 혼령들이여

오늘도 뜬가슴 뒤척이는 까치놀 저만치 밀쳐 두고
추모관 살아생전 모습들이
느슨한 내 마음의 허리띠를 조여 매는구나

기억 속에 젊은 그대들 영원히 살아 숨 쉬리라

* 2010년 3월 26일 오후 9시 22분경 천안함 폭침 사건 발생.

북위 38도선 턱밑에 버티고 있다
— 백령도 · 1

서해 북단 아스라이 소청도 대청도 건너 뛰어
우리의 파수꾼 백령 섬 하나
남녘에서 울려 가는 뱃고동 소리에
사곶해변 줄지어 선 방풍림 손 흔들어 반긴다
선창 발걸음이 파시처럼 부산하고

오지랖 넓은 들판 파릇파릇 새 생명 돋아 오르고
까나리 내음 질펀한 마을들 안온한데
물 건너 경계의 눈길 떨칠 수 없는 곳
해안 불침번 철책 초병이
안개에 가리인 피안의 음모를 응시하고 있다

바닷가 바윗돌도 칼바람 맞서 일어서는가
촛대바위 불 밝히고 솟구치는 장군바위
포효하는 사자, 코끼리바위 눈빛 번뜩인다

통일기원비 북녘 향해 우뚝하다
— 백령도 · 2

마흔여섯 꽃망울 앗아 간 폭침 그 자리
차운 파도만 무심히 출렁이고
서릿바람 귓전 스쳐 가니 허망하구나
흰 국화 한 송이씩 떨리는 손으로 바다에 띄우노니

방패여, 조국의 방패여
고귀한 희생 영원히 기억하리라

오늘 마지막 해도 핏빛 노을로 내 가슴속에 잠겨 드는데
백령 산마루 통일기원비 저 홀로 북녘 향해 우뚝하다

광화문 다시 열리다

1.

팔십 수년 만인가 광화문 제자리 찾아 열리는 날
이 땅 심장부 세상의 지킴이 되어
역사의 밀물 썰물 소용돌이 다 지켜보다가
어둠의 쇠발굽에 짓밟히고 소실돼 가더니

광복 65주년, 광화문 광장 경축식 열리는 날
태극기 물결, 큰북 소리, 하나 둘 셋 한목청 외침 속에
흰 천으로 감싸인 '光化門'이 새색시 얼굴을 내민다

2.

전통 이은 대목장 단청장 기와장 각자장
이글거리는 영혼, 혼의 불길 쏟아부었는가
날렵한 추녀 날개 새 하늘을 추켜올리며
처음 그 자리 위풍당당 일어서는 이층 누각
눈망울 초롱초롱 번뜩번뜩 눈앞에 다가오고
오색 풍선 춤추며 봉황새 날아오른다

3.

'문을 여시오!'

조선의 수문장 호령 소리

쩌렁쩌렁 하늘문을 울린다

오래 간힌 세월의 대문 활짝 열리고

한눈에 펼쳐지는 경복궁, 이 나라의 위용이여

새 역사의 물길 가르며 근정전이 솟아오른다

독도에 가다

쉴 새 없이 뒤척이는 동녘 바다
아스라이 돛배처럼 떠 있는 형제 바위섬

바람 거센 아침 바다 한가운데 서서
뭍과 이어지는 탯줄 부여잡고
태극기 치켜들어 만방에 펄럭인다

괭이갈매기 떼 반겨 머리 위 맴돌고
돌계단 올라서는 발걸음마다
한핏줄 뛰는 맥박 찡하게 울려온다

발부리 채인 돌멩이도 정겹고
낭떠러지 갯장대 한 포기에서도
조국의 숨결 묻어난다

스물네 시간 수평선을 응시하는
새파란 파수꾼들 그 기상 늠름하구나
겨레의 넋 응결된 우리의 독도여!

마음의 등불

당인리 화력발전소
매캐한 석탄 불씨 쉼 없이 지피며
어둑 세상길을 밝혀 준다

한강 기적의 신화 굽이쳐 흐르는 강물
골 깊은 물길을 굽어보면서
오늘도 우람한 숨결기둥 드높이 치켜세워
작열하는 불길의 그림자를 흩날린다

시간의 물살 따라 늘어나는 원자력발전소
하늘과 땅 지축을 흔드는데
우리나라 발전소의 역사처럼 사시사철
방사성 공포 없는 연기구름 내뿜으며

서울 한복판에서
옛 마음의 등불 외로이 밝히고 있다

어스름 아침 창을 열다

백설 뒤집어쓴 앞산이
발가벗은 나무들을 등성이에 업고
묵묵히 겨울강을 건너간다

밤새 홀로
얼음장 하늘 물살 헤쳐 왔는가
이지러진 쪽배 한 척
산마루 굽어보며
서녘 물길 노 저어 흘러가고 있다

어디를 저리 바삐 날개 쳐 가는가
길잡이를 앞세운 기러기 한 떼
두 줄로 늘어서서
이우는 달빛 하늘을 연신 흔들어 대며
앞산 위를 날아간다

영어마을의 어스름 밝아 오는 아침
눈 쌓인 산, 하현달, 기러기 떼가

온몸으로 그려 내는 한 폭 그림이
시리도록 아름다워라

겸허히 두 손을 모은다

수평으로 출렁이는 바닷물이
돌연 일어서서 한꺼번에 돌진한다
제트 속력으로 밀려드는 포효

세워 놓은 뭍의 경계를 넘어
문명의 산물들 깡그리 휩쓸어 버린다
힘껏 내달리는 차를 단숨에 삼키고
사람들을 낙엽처럼 떠내려 보낸다

빠져나갈 그물코 하나 없이
그저 휩쓸고 가는 저 쓰나미,
지상의 선악 한데 쓸어 가도
선을 구제할 신의 손길 하나 없다

인공위성을 띄워 정보를 모으고
바다 밑 길을 뚫어 질주해도
자연 앞엔 인간의 힘 먼지 같구나
겸허히 두 손을 모을 수밖에

상흔을 일으켜 세우는
인류의 따뜻한 햇살만이
지구촌 곳곳에서 거미줄처럼 뻗어든다

창날과 방패
— 월드컵축구 승부차기

하늘과 땅이 숨죽이고 있다
창날과 방패의 긴장이 팽팽하다
한 점을 응시하는 수천수만
수억의 눈 · 눈망울 · 눈동자 ·

골문을 뒤흔들려는 골잡이와
온몸 던져 막아 내려는 문지기의 기 싸움
서로 속마음을 초읽기 하는
눈빛이 번개천둥 친다

발부리에 온통 혼백을 불러들여
지축을 차올리는 한 생의 찰나
봉함된 함성과 한숨이 한꺼번에 터치고
햇빛과 그늘이 함께 솟구쳐 오른다

차 넣은 숫자 따라
너는 햇볕 듬뿍 받고

나는 나락으로 떨어진다

숨 가쁜 승부의 한 순간,
너도 웃고 나도 웃는 그런 세상이 그립다

바닷가에 서면

쉼 없이 꿈틀꿈틀 다가온다
수평선 너머 저들만의
금빛 햇살을 물고
반짝반짝 이어달리기로 온다

달려오다 숨이 차면
앞 파도에게 바통 넘겨 스스로 무너지고
마지막 주자가 갯가에
철썩, 낯선 사연을 부리고 물러가면
또 새 소식 전하려 철썩철썩 내달려온다

뭍의 둘레는 밀려오는 바다 속삭임에
날카로운 귓날을 세우고
둥글둥글 마음의 바윗돌을 갈다듬는다

바닷가에 서면 수평선 멀리서 누군가
희망의 금은 물결 소식을 전해 올 것만 같다
우리 모두 삶의 바닷가에서
저마다 귀밝이 소식을 기다리며 산다

어머니의 기도

붐비는 항구를 떠나간다
앳된 원앙 한 쌍이
오색 무지개 싣고 삶의 바다 노 저어 간다

잔잔한 바닷길 갈매기 따라 날며
너울너울 춤사위 사이로
고기 떼도 파도를 넘나든다

누가 저 고운 길을 가로막으랴
그러나 가늠할 수 없는 뱃길
언제 앞을 가릴지 모를 먹구름장
어디서 일어설지 모를 까치놀 파도

까마득한 난바다에서
스스로 헤쳐 가야 할 먼 항로이기에
아득한 뱃길 수평선을 바라보면서
어머니는 두 손을 모은다

돌계단 발부리가 찡하다

가파른 돌계단을 오른다
번쩍이는 하이힐, 구두, 새 운동화, 낡은 고무신
온갖 신발들이 저마다 삶을 이고
세상의 무게 잔뜩 지고 오른다

어느 산자락에 묻혔다가 나왔는가
깎이고 다듬어져 쓸모로 괴어진 돌들
고단한 생의 밑바닥을 한 발짝씩
하늘처럼 떠받치고 있다

신발 생김생김으로 빈부귀천을 가리지 않는다
신고 걷는 주인을 가타부타 따지지도 않는다
내리밟히는 바닥에서 짓눌리고 닳으면서
애오라지 신발들을 떠받들어 줄 뿐

저 무명의 바윗돌도 저러한데
나 언제 묵묵히 다른 이가 딛고 가는

디딤돌이 되어 준 적 있었던가

돌계단을 밟는 발부리가 찡 채찍으로 울려온다

그물에 갇혀 산다

보이지 않는 일상의 그물이
꽁꽁 옭아매고 있다 나를
몸통과 마음속에 철골집을 짓고 사는
오랜 버릇과 잘못된 인습들

알 수 없는 틀 속에 누가
내 생각의 촉수를 가두어 버렸는가
상상의 날갯죽지 화알짝 펴지 못한 채
그 둘레만 솔개처럼 맴돈다

뿌리 깊은 습관의 손이
행동의 틀거리를 부여잡고
무의식의 들길을 온종일 쏘다닌다

누구를 보거나 무엇을 떠올리거나
고정관념의 색안경에 얼비쳐 흔들리는 모습들
어느새 또 다른 옷을 걸치고 다가온다

나는 버릇이 거처하는 낡은 생의 거푸집
거꾸로 보기, 뒤집어 보기, 새롭게 보기 위해
아침마다 생각의 그물을 깁는다

그 물고기 어느 바다 헤엄치고 있을까

이십 미터 물속 이방인처럼 잠수한다
파타야* 산호섬의 잔잔한 청옥바다
묵중한 수중 투구 턱밑까지 내려쓰고서

우거진 산호림 물바닥 딛고 서서
속물살에 떠밀리는 몸뚱이 가누며
먹이 든 손자락을 겨우 내민다
몰려드는 고만고만 열대어 무리들

반달 주둥이 뽀끈거리며 아는 체하며
내 손가락을 키스처럼 간질이고 사라진
줄무늬 물고기 몇 마리
내 마음의 어항 속을
지느러미 흔들며 제집처럼 노닐고 있다

경계 없는 무한 바다 속에서
어디든 헤엄쳐 넘나드는
국적이 필요 없는 그 물고기

지금도 산호초 풍경 속을 서성이고 있는가
먼바다 더 멀리 떠돌고 있는가

* 태국 남부 관광지역, 산호섬이 있고 잠수 관광이 이루어진다.

하늘공원

— 난지도에서

하늘벼랑 올라가는 고원高原이어라
뼈다귀만 앙상한 시간의 대궁들이
진혼곡도 없이
이승 길 종착역에 차곡차곡 쌓아 올린

어느 틈새 입김 서린 가슴 품이 되어
저리도 혼을 빼는 시詩를 품어 냈을까
수천수만의 백로 떼 춤사위 넘실넘실
으악새하늘을 흔들고 있다

해거름 냉갈 피워 올리는 고향 옛 초가들
내 눈앞에 어른거리는데
흙내 물컹한 고샅길을 느긋느긋 걷는 발걸음들
마음의 짐 비워 냈는지 솜구름처럼 홀가분하다

원두막 귀모서리 지붕에는
덩굴손 붙잡고 올라앉은 홍부네 박엉덩이 대여섯
내 발길 붙잡아 걸고 꽃바람이 한창이다

제3부

가리지 말고 비켜 주세요

— 이 시대의 방외인들 · 1

얼어붙은 목소리 한 줄기가
입춘 추위 속 명동 가로에 서성이는
내 눈길을 끌어당긴다

바람벽 없는 난장가게
낡아 버린 널빤지에 목걸이 브로치 귀걸이
장신구들 목숨처럼 풀어 놓고
눈 빠지게 기다리는 아주머니

햇볕 아니라 선보일 물건 가리지 말라는데
목덜미까지 중무장하고 지나가는
발걸음들, 눈길 하나 보내지 않는구나

빈손에 어둠을 산처럼 지고 허방지방
집 안을 들어설 뒷모습이 아른거린다
고층 빌딩 차가운 그늘에 가려진
한 생애가 내 가슴속 깊은 상처로 후벼든다

갈퀴손이 저울 눈금이다
— 이 시대의 방외인들 · 2

눈발 성성 다가서는 발걸음 소리 소리들
터미널 지하상가 돌계단에
허름한 광주리 바가지 비닐주머니마다
풋보리싹 고사리순 냉이 미나리 고만고만한 것들

'할머니 보리 좀 주세요'
나물 손질 손익은 깨끼칼 내려놓고
한 줌 두 줌 검은 봉지에 담아 주며
'이천 원이여'
버짐꽃 그늘진 갈퀴손 저울 눈금이
내 마음을 울려 준다

도심 난바다에 떠 있는 저
외딴섬 하나
보이지 않는 경계에 갇힌 채
차가운 돌계단에 밥줄 부표로 띄워 놓고
휘몰아치는 풍랑세상을 견디고 있다

교회 첨탑 그늘에 앉아 있다
— 이 시대의 방외인들 · 3

주일이면 교회 길목 구석 자리에
짐짝처럼 몸통 부려 놓고 일터 삼아 앉아 있다
무슨 사고였을까 두 다리 절단된 저 사람
남루한 모자로 하늘을 가리고

고물 녹음기가 찬송 가락 울려 대며
스쳐 가는 눈길 소매를 잡아끄는데
동전 몇 알 머금은 녹슨 깡통 하나
뗑그렁 동전 떨어지는 소리에 귀를 기울인다

성경 든 정숙한 걸음걸음들
더러는 지나다가 동전 몇 닢 떨구고
지폐 몇 장 보시하듯 놓아두고 가지만
교회 안과 바깥 그늘의 거리 깊고 아득하다

그래도 듬성듬성 모아지는 손길 손길들
오늘도 삶의 살얼음 한겨울 가슴에
작은 모닥불 하나 피워 올리는가

버스표 주고 가세요
— 이 시대의 방외인들 · 4

1.

버스 빈자리 드문드문 메워진다
땅끝 해남 터미널에서
어둔 시간의 구부정한 길을 타고
광주행 초침바퀴가 내달린다

깜박이는 불빛 은하는 우주선처럼 스쳐 가고
잠의 물살에 모두 한밤이 젖었는데
눈불 켜고 생명선을 끌고 가는 오직 한 사람

2.

서울행 버스 발길 급한데
'버스표 주고 가세요'
누가 내 바지자락을 붙잡는 소리
아 여자 기사 저 양반, 순간
전율이 타고 온몸을 흐른다

온 가슴 목숨의 짐 홀로 지고서

지금은 어느 삶의 고갯길 넘어가고 있을까
운전석의 그 모습 산보다 미더웁다

어느 정치 행사장 흑백필름
— 이 시대의 방외인들 · 5

돛도 삿대도 없는 포장마차 한 척
세상바다 외진 항구 모퉁길에 정박하고 있다
라면 번데기 커피 인생화물을 싣고

나무 그늘 찾는 어둠의 사람들
낡은 의자에 아무렇게나 헌 옷처럼 기대어
컵라면 젓가락 휘휘 말아 끼니를 접는다
진열대 번데기 눈빛도 '나' 사 가 달라 애원한다

말없이 할 일 분담하는 젊은 부부
남루의 손발이 일개미처럼 분주하다
그래도 때묻은 앞치마 주머니 두툼해지면
가무잡잡 얼굴이 금세 해맑아진다

문득 가난 시절 시골집 씨암탉이
볏짚에 실어 놓은 달걀 한 알 집어 들 때
그 따끈따끈한 충만감!

아득한 기억 속에서 고개를 든다

(실내체육관 선거유세장에서
서민대책 열띤 목청이 공허한 바람 불어
라면 컵을 연신 흔들어 대고 있다)

쌍심지 불꽃에 종이 구멍이 뚫린다
— 이 시대의 방외인들 · 6

아침이면 공원으로 출근한다
사십 대 중반 한창 나이
가랑잎 한 잎 두 잎 나무에서 몸짐을 싸는데
금융위기 손돌바람에 휩쓸려 불시착했는가

원두막 빛바랜 벤치 그늘 자리
신문때기 한 장 서류처럼 펼쳐 놓고
한곳만 뚫어지게 응시한다
—글자를 맞춰 넣는 퀴즈란을

볼펜 한 자루 빈손에 움켜쥐고
가로로 세로로 대각선으로
요리조리 맞추어 보는 쌍심지 눈길 불꽃에
파시시 종이 구멍이 뚫린다

옆자리 가방 속 도시락이 귀뚜라미처럼 종알댄다
집 나설 때 '직장 잘 다녀온다' 했다고

애들 꼬막손 흔들며 ‘아빠, 빨리 다녀와’ 하더라고
정다운 목소리들이 아프게 뒤통수를 후려친다

그림자 여인
— 이 시대의 방외인들 · 7

무지개 꿈이 꽃망울처럼 부풀었었지
푸른 하늘 우러러 피어날 그때는

삶의 비탈길 폭풍우 몰아치고
바람벽마저 허물어지면서
꿈은 흔적 없는 환상의 꽃이었던가
어느새 저녁연기처럼 스러져 버렸느니

지금 홀로 서 있는 그 자리
수없는 발굽들이 함부로 밟고 다니는
고층 건물 어둠의 저 밑바닥

신새벽 이울어 가는 하현달 이고 나와
쓸고 닦는 그림자 여인 하나
밀폐된 아침의 창을 연다

새우등처럼 구부정한 허리엔

세월의 시린 파도가 굽이치고
시간의 바람 소리에 사위지 않은 미소 속에
아직도 생의 소망이 꿈틀거린다

해남 물감자 검게 타다
— 이 시대의 방외인들 · 8

세상길 후미진 구석 자리
잔 장작개비 풀어 화톳불을 지핀다
작업복 얼룩덜룩 가슴 팍팍한 한 젊은이
꿈은 새파라니 먼데
외나무다리 직장이 소슬하다

드럼통 잘라 만든 간이 솥 안에서
장작불에 익어 가는 해남 물감자가
가슴 바닥에 가라앉은 검은 언어를 쏟아 내는지
대기의 얼음기둥 휘휘 휘감으며
서릿김을 모락모락 피워 올린다

지나가는 발걸음들 부산하지만
다가서는 발자국 소리는 아득하다
'잘 팔리세요?' '어데요!'
생의 디딤돌 흔들리는 얼음장 소리 찡 울린다

눈발이 앵벌이처럼 잉잉 흩날리는 저녁답
껍질 그을린 물감자를 두 손 모아 감싸 안고
후후 입김 불며 겨울 찬 거리를 걸어간다

리어카가 한 생애의 어둠을 끌고 간다
— 이 시대의 방외인들 · 9

허리 굽은 리어카 한 대
허름한 살림바퀴 삐걱삐걱 굴리며
어두컴컴 고샅길을 끌고 간다

쓰다 버려진 온갖 상자들
올망졸망 실려 가며 소곤 소곤댄다
'우리도 아직 어디 쓸모 있는 거여?'
'저 노인 집 저녁 밥상에 오르는 거지!'

무거운 한 생애를 끌고 가는 저 등허리에
비바람 눈보라 얼마나 휩쓸어 갔는가
뒤집혀진 언덕이 바람에 휘어져 버렸구나

리어카가 밟고 간 생의 발자국마다
짙은 살얼음 어둠만 버석거리고 있다

여기사의 꿈은 아름답다
— 이 시대의 방외인들 · 10

눈 내리는 크리스마스 아침 택시를 잡는다 운전대를 잡은 중년 여인, 차분하고 해맑다 '여기사님이시네요' '그래요' 혼자 애들 키우느라 고달픈 삶의 길 걷는가 싶어 묻는다 애들은 몇이냐고, 다 결혼시키고 남편과 단둘이 산다는데

운전대를 잡은 지 일 년 남짓, 남편과 번갈아 회사 차를 끈단다 삼 년 무사고 운전사가 되어 개인택시를 몰아보는 소망을 향해, 세상길을 내 일터로 삼고 택시 안을 응접실로 여겨 오늘도 흥겨운 거리를 달린단다

행복 향기 가득한 여기사의 꿈이
아름다운 무늿결이 되어
어둔 세상 촛불이 되어
내 가슴 가득 번져 온다

겨울나무

빼골만 까칠까칠 앙상하다
바람서리 등허리가 뒤틀리고 굽었구나

발부리로 땅심을 딛고 서서
하늘 향해 뻗쳐오르던 푸르른 기상
어느새 솜구름처럼 사위어 버렸구나

달콤한 꿀 향기 번지는 계절
벌, 나비 춤사위 너울대던 꽃자리엔
도란도란 둘러앉은 꽃이파리들 하! 그림자 없고

서릿바람 세찬 텅 빈 집터에
노을 짊어지고 홀로 서 있는 겨울나무여

시간의 막장에 갇히다

쓰레기처럼 쇠잔한 몸을 부려 놓고 있다
얼음장 아스팔트 길바닥에
잿빛 수의 비둘기 한 마리

삶의 목숨길 밝혀 준 혼불
어느 하늘 끝으로 날아갔는가
초롱초롱한 눈망울 고운 발걸음
바람처럼 스러진 채
남은 건 오직 저 남루의 껍데기뿐

허기의 집 짊어지고
이 골목 저 고샅 빈 몸으로 기웃대다가
내달리는 시간의 막장에 화석으로 박혀 버린
한 생의 무거운 그림자

짝 잃은 비둘기 한 마리만
그 둘레 마냥 서성이며
길바닥만 제 심장인 양 쪼아 대고 있다

꽃잎을 밟으며

비탈길에 몸져누워 있다
오월 아카시아 꽃잎들
마지막 노을 향기 내뿜으며

무명세상 등불 켜든 꽃대궁
봄 햇살 해찰하는 뜨락이다가
참벌 보채드는 젖샘이다가
너울너울 흰나비 날갯짓이다가

너도 떠나야 할 시각을 아는구나
씨앗 꽃자리 비워 주고
새살 파릇 커 오르는 이파리
이파리에게 나무집 다 맡겨 두고

지난날 눈부신 삶의 뜬구름들
허공에 눈발처럼 흩날려 보낸다
시간의 백지장을 내던지는
소멸해 가는 저 육신의 아름다움이여

나무들 선 채로 겨울강을 건넌다

외딴섬으로 떠가는구나
저 겨울나무들 저마다 일어서서
무릎까지 차오르는 눈발 속을 헤쳐 걷는다

봄 꽃대궐, 여름 초록 숲
가을 단풍 골짜기를 넘어
지닌 것 남김없이 훌훌 털어 내고
사리뼈만 앙상한 잿빛 몸뚱이 하나로

칼날 추위에 내동댕이쳐진 채
이력처럼 안으로 발자취를 새기며
언 발목 터덕터덕 내딛는구나

회초리 바람, 눈발 마구 후려쳐도
사래 치며 손사래 치며
얼음기둥 가슴속에 치켜세우며
강 건너 먼 하늘을 향해

참으며 견디며 겨울강을 건너가는구나

지렁이의 화려한 외출

돌계단 흙모래 늪에서 허우적거린다
나들이 길 나선 지렁이 한 마리
앞뒤 알 수 없는 머리와 꼬리로 허공을 휘저으면서
온몸 힘살 마디마디 세상을 자질하고 있다

하지만 흙고물 범벅인 채 제자리만 돌고 돌 뿐
끌고 가기엔 몸뚱어리 너무 길고 무겁구나
촉촉한 물기 가시기 전
막힌 저 아스팔트 길 건너야 하는데

돌연 종알대며 아빠 손 잡고
계단 내려오는 싱글벙글 어린이
우연히 마주치는 목숨의 꿈틀거림을
신기한 듯 운동화발로 짓이긴다
비명 지를 틈새 없는 찰나의 찰나

한쪽 뭉개져 버린 생의 고빗길 끌고서
살아남아야, 나아가야 한다

남은 몸통 끌어 내려 버둥대는데

반토막 육신 흙에 묻혀 주검을 붙잡고 있다

부글부글 끓고 있다

큰집 설렁탕 크나큰 가마솥에서
한 생애 산덩이 무게 떠받쳐 온
무쇠 같은 네 다리뼈들이

날 선 도끼날에 토막토막 동강 나
어둔 혼돈의 수렁 속을 떠돌다가
뼛골 속까지 우려내고 있다

창밖은 꽃잎처럼 눈발 흩날리는데
발길 부산한 손님들
안개 입김을 후후 불어 대며
뼈다귀 국물을 따끈하게 들이켠다

언제부터 사람에게 길들여졌던가
코뚜레 잡혀 항아리배만 채우다가
녹슨 뿔 한 번 써 보지 못한 채
스러져 가는 소의 열명길이여!

웃는 꽃자리로

왕인묘王仁廟 뜨락 매화 한 그루
얼음눈발 참고 이겨 내더니
어느새 환히 세상의 미명을 밝히는구나

불그레한 망울 눈망울들
봄 햇살 한껏 머금어
한 치 앞 내다볼 틈도 없이
순간의 영원을 만끽하고 있구나

시간을 스쳐 가는 초고속열차라 하던가
누구나 주어진 한살이를
저마다의 간이역에 부려 놓아야 하느니
꽃이파리 한잎 두잎 이울지라도

슬허하지 말자
떠나야 하는 꽃자리에
새 숨결 다시 잉태되리니
웃는 꽃자리로 피어나자꾸나

하지제夏至祭

창밖이 대낮같이 훤하다
새벽 네 시인데도

시간 열차를 타고
이방에서 새날을 맞이한다

옥상 정원에서 봉선화가
이 계절 축제를 맞으려
그리도 다투어 피고 지고 했구나

—문득 안사람이 석양의 봉선화로 피어난다

삶의 꼭짓점을 돌아서
허리 굽혀 원점을 향해 내려가는 길

하지 긴 햇살 밧줄이
여름 축제를 펼치고 있다

여백론餘白論

누가 보내는 사발통문인가
억수비가 머리빡 내리꽂는다
며칠째 하늘 자리 몽땅 채워 버리는
천병만마 말발굽 내닫는 소리

쇠박새 날갯짓 할 틈조차 없다
광속으로 치달리는 빛의 바늘구멍도
그림자의 속 깊은 그늘도
빗발로 싹 쓸어 버리는 저 꽉 참,
혼자서 온 공간을 독차지해 버리누나

크나큰 땅그릇도 흘러넘쳐
땅심에 발붙인 나무들 뿌리째 출렁이고
물막이 뚝방 무너져 내리고
가슴 가슴팍들 줄줄이 미어져 내린다

순식간에 비워 놓은 저 신의 여백은
모두의 너르디너른 숨통이어라
너도 살고 나도 살아 날을 수 있는

제4부

고생대의 숨결

— 장천長川고인돌

크나큰 바윗돌 석문의 집
동네 보리밭에 별자리로 박혀 있다

산자락 맑은 물가
선사先史의 터를 잡아
월출산 뜨는 해
은적산 지는 달 마중하며
신앙처럼 우러르며
야생의 땅 일구어 낸
선인先人들의 꽃숨결
깊은 잠의 숲 속에 일렁이고 있다

바람서리 피워 낸 바윗돌꽃엔
수없는 하늘이 들고 슬었는가
흘러가는 고생대의 숨결이
문화의 꽃향기를 길게 내뿜는다

상대포 뜬구름

까마득한 날 뱃길이 트여
당唐 왜倭로 나가는 바닷길 활짝 열렸네
영산강물 찰랑이는 서호강 동녘 포구

월출에 정기 받은 왕인박사
일왕 초청으로 천자문 논어 가지고
황포돛배 몸을 실어 상대포*를 떠났네

아스라이 사라져 가는 월출영봉 그리며
바람 따라 파도 밀려 난바다를 건너서
낯선 이국땅에 문화 씨앗을 뿌렸거니
그 향내 성기동** 골짝까지 바다 건너 번져 오네

천 년 하고 반천 년이 어디로 흘러갔는가
지금은 물길 막힌 포구에 호수만 고여
뜬구름 내려앉아 무심무심 흘러가네

* 전남 영암군 군서면 구림에 있으며 1,600여 년 전 일본 응신천황의 초청을 받은 왕인박사가 배를 타고 출발한 항구.

** 전남 영암군 군서면 구림 월출산 기슭에 있으며 왕인박사가 태어나 수학한 곳.

월출산 연가

동녘 하늘 머리 이고 솟아올라서
말갛게 씻은 해와 달을 띄워 올리니
낭주골 온 누리가 밝고 환하구나
월출산은 우리 마음의 고운 빛살이어라

온 땅의 생명 기운 한데 모두어
봉우리 드높이 치솟아 오르니
가슴마다 스미는 기氣 넘치는구나
월출산은 우리 혼의 기상이어라

하얀 이마 번뜩이는 천황봉 아래
왕인박사 도선국사 우뚝 섰으니
골골마다 문화꽃 향기 은은하구나
월출산은 가없는 우리 자랑이어라

왕인 오솔길을 걸으며

산줄기 굽이치는 산길을 걷는다
성기동에서 문산재로 뻗어 가는
외나무 호젓한 다리길
은빛 고요 호수가 넘실거린다

아득한 날 왕인박사 이 길을 오가며
학문의 돌탑을 쌓아 올리고
깊은 사색의 바다에 잠겼으리라

수없이 밟고 간 이름 없는 발걸음들
한 발짝 두 발짝 심인心印으로 찍히어
오솔길의 발자취 이루었거니
옛 하늘 더듬으며 구름길을 걸어간다

우러러 신령바위 봉우리마다
피어오르는 맑은 산의 정기
내 핏줄 속 스미어 흐르는가
씻은 듯 산뜻 기운 온몸을 휘감는다

미륵전에서 천 년을 엿보다
— 도갑사에서

1.
졸졸졸 돌확에 떨어지는 물소리
시누대 참나무 숲 사이
대나무 대롱 타고 흐르는 맑고 시린 물
섬돌에 엎드려 누군가를 기다리는 표주박
물 한 모금에
월출산 산기운이 온몸을 휘감는다

2.
돌계단 문 안에 들어, 산허리에 얹힌 마당귀 낭떠러지가 확 트인다 이끼태 절간 안에 가사를 걸친 채, 눈지그시 미륵세상을 기다리며 결가부좌하고 있는 부처님 한 분, 큰 바윗돌을 빚어 세운 석조여래상, 결결마다 피가 잘 돌아 천 년 정감 묻어난다

몸통 뒤를 받치는 배 모양 광배光背가 내 마음속 환히 비추이는데, 아직 떨쳐 버리지 못한 사바의 찌꺼기가 살며시 고개를 떨군다 두 손 모아 깊은 합장할 수밖에

3.

물소리 바람 소리 새 울음의 풍경 소리
어디서 몰려와 내 얼굴을 가리는가 하루살이 떼
문지방을 넘어서는 얼굴에 마구 들붙는다
천 년을 하루같이 살아가라고, 살아가자고

영산포 등대 광시곡

사시사철 강 둔치에 홀로 서서
누굴 그리 기다리는가
흰옷 누더기 걸친 아낙 등대여

어둑밤 샛별등불 하나 켜 들고
산등성이처럼 비틀비틀 휘어지며
중머리 중중머리로 흐르는 영산강 물길
삐거덕삐거덕 찾아드는 뱃님들 길눈이더니

흑산홍어 젓갈 내 푹푹 절은
남도의 길고 오랜 밤 이야기
흘러 흘러 모래성으로 쌓여 있는데
왕건이 드나들던 그 뱃길 막히었구나

맑은 물길 터 주는 길잡이 있어
뱃고동 다시 몰려드는 그 날을 마중하리니
저 나지막한 이승의 등대여

왕인의 바다에 평화의 꽃배를 띄운다

— 왕인국화축제에 부쳐

가을 심지에 노랑 꽃불 환히
밝히고 있다 낭주골 국화꽃 꽃데미들

혼결 담아 피워 낸 소국 대국 다 모여들어
저마다 자리에서 해맑은 눈빛을 반짝인다

왕인꽃문 들어서니 꽃바람벽 둘러치고
월출산 코끼리 사슴 토끼 모다 내려와 꽃불놀이 한창이다

한 뿌리 수만 송이 숭얼숭얼 피어나
강강술래 가솔들 꽃동산으로 화목해라

어디서 들리는가 은은한 산조散調가락
내 마음 강물에 평화의 꽃배를 띄우네

마지막 완행열차 떠나 버렸다
— 일로역

목포 가는 배를 놓치고
영산 강나루 건너 헛발 디딘 일로역
눈길 하나 없는 낡은 역사에서
짐 보따리 기대 한 밤을 지샌다

어둠을 추억처럼 둘러쓴 장꾼들 서넛
시름 속 말문을 잠그고 있는데
이윽고 미명을 깨우는 기적 소리
후드득 쏟아지는 단비처럼
메마른 마음밭을 촉촉이 적셔 주더니

플랫폼 뾰쪽 지붕 그 일로역
옛 시절 기억의 샛별등 환히 켜 있는데
지금은 들판으로 옮겨져 헐리고
찬바람 가랑잎처럼 스치는 길거리
플랫폼 발자취만 바람결에 나뒹군다

백제의 큰 별 여기 눕다

— 왕인묘소에서

이역만리 남의 땅 홀로 누워 있네
히라가다 왜의 깊은 숲 속에 혼불 밝혀
왕인 문패 백제문에 깃발처럼 내어 걸고

바람 따라 흘러갔는가 천수백 년 세월이
월출산자락 학문 닦은 성기동에서
천자문 한 권 논어 열 권 지니고
돌정고개 넘으며 뒤돌아보고 또 돌아보면서
상대포 뱃길 올라 낯선 물결 현해탄
험한 파도 비바람을 타고 넘었네

가슴속 깊이 고국의 긍지 간직한 채
일본 태자 스승 되어 글 깨우쳐 주고
척박한 땅에 학문의 꽃씨 널리 뿌렸느니
이제 그 꽃향기 하늘땅에 가득하여
일본 문화의 큰 별로 빛나고 있네

연곡사* 가는 길

지리산 허리춤 붙잡고 기어오른다
너와 나 재겨 밟고 넘어온 능선들
골 깊은 개울 눈녹이물 소리가
산의 살결 숨결 불러일으킨다

피아골 들머리 제비집 터에
신라 적 아득한 주춧돌 딛고
서 있는 가람
홍망성쇠 피바람 회오리 칠 때마다
스러지고 다시 일어섰거니

밭고랑에 증언처럼 홀로 남은
삼층석탑
노고단 거쳐 오는 바람꽃으로
옹이 박힌 상흔을 쓰다듬고 있다

지금은 산의 적요에 잠겨

천 년 선禪의 도량 꿈꾸고 있구나

---

* 전남 구례군 토지면 내동리 지리산 피아골 입구에 있는 사찰로서 신라 진흥왕 5년(544년)에 창건됨.

홍어의 거리를 거닐며

삭힌 홍어 내음 코끝을 찌른다
세월 따라 흐르는 영산강 둑길 따라
어깨 나란나란 홍어 간판들이 추억처럼 즐비하다

머나먼 흑산바다 뛰놀던 홍어 떼
뱃길 따라 뭍에 오르면서
시간을 삭히고 생을 곰삭히어
깊은 맛샘 우려내는 홍어의 거리

집집마다 맛깔 내는 익숙한 손길들
날회로 자르고 굽고 끓이며 부산하구나
맛길 찾아 향수 찾아 오가는 발걸음이 붐비다

오늘도 전설을 안고 굽이도는 영산강
그 옛날 황포돛배 뱃길 살리기 한창인데
등불 꺼진 소복 등대 나직이 지켜 서서
홍어 돛배 들어오는 나그네 진양조 가락 기다린다

영암 F1의 노래

지축을 뒤흔든다 대한의 영암벌에서
출렁이는 지구 궤도 굽이굽이
번개처럼 내달린다 휙휙 휘돌면서
이글이글 끓는 인류의 열정을 폭발시킨다

수억의 눈망울들이 한 점에 꽂힌다
시월 하늘을 찌르는 영암벌 굉음의 창날들이
지구촌 골골마다 가슴 누벼 울리면서
찰나를 다투는 숨 가쁜 질주, 질주!

하나로 묶어 낸다 온 세상 인류의 가슴을
오대양 육대주에 화해 친선의 다리 놓으면서
이어달리는 자리마다 평화의 깃발 나부낀다
달려라, 세계야 인류 잔치 영암 F1 그랑프리여!

나주벌이 잠깐 멈춘다
— 나주역

홀로 나주역 깃발이 펄럭인다
그리 붐비던 영산포역 언젠가
철도사鐵道史의 뒤란으로 밀려나고

목포역을 치달리는 철마들이
나주벌 내달리다 잠깐 멈추어 서서
배꽃 향기 싣고 어디론가 달려간다

드문드문 모여드는 갈 길 바쁜 발걸음들
저마다 열차 시각 기다리느라 서성이며
기다림을 익히고 있다

문득 나주 통학생들이 지피던 봉홧불
광주학생독립운동 만세 소리가
흑백사진으로 눈앞에 펼쳐진다

돌계단 지하도를 건너서

과수원을 스쳐 오는 바람 떼가 머리칼을 날리는데
멀리 울려오는 쇠바퀴 소리가 귓등을 때린다

운조루雲鳥樓* 옛 뜰을 거닐며

촛대봉 불을 밝혀 온 누리가 환하다
지리산 병풍메가 수자리를 두른 그곳
조선조의 구례 운조루
누가 남한 삼대 길지吉地라 했던가

이백삼십여 해 시간의 풍랑에 실려
흔들리면서 부딪치면서 고운 빛살 다 사위고
단단한 뼈대만 남아 옛 정취를 전해 주는가

금남구역 내당內堂 숨죽여 부산한 여인네들
목청껏 글을 읽어 대는 제수각薺修閣 학동들
별당別堂에서 새어 나오는 나지막한 목소리들
여닫는 사랑채 문소리만 내 눈에 삼삼하다

붐비던 그 발걸음들 어디론가 사라져 가고
빈 바람만 옛 둥지 찾아 밀려드는데
이 집의 오랜 뿌리 지켜 오는 종부 할머니

귀티 나는 얼굴에 풍진세월 잔주름만 무성하구나

* 전남 구례군 토지면 오미리에 있는 중요민속자료 제8호. 1779년(영조 52년)에 지어진 78간의 건물로 조선시대 양반가의 건축양식을 간직하고 있음.

내 마음의 대숲 속에서

대나무 성채 고향 마을을 떠받들고 있다
은적산 줄기 내달리다 멈춰 선 뒷동산 대숲
촘촘히 뿌리 내린 대나무들이
천황봉 떠오르는 햇살 봉화를 받아
금비늘 반짝반짝 아침을 연다

바깥나들이 다녀오는 길엔
멀리서 바라보며 손 흔들어 반기고
높바람 하늘하늘 불어오면
순한 대나무들 어느새 창날 번쩍이며
바람 몸뚱이 갈기 흩날리어 아늑 장엄하다

사랑방 도란도란 이어지는 정다운 얘기 소리
안방 베 짜는 바디 소리 밤새 들으며
후드득 참새 깃털 터는 소리로 기척을 한다

계절 따라 산비둘기 구구구 울어 대고
소쩍새 울음소리 떨구고 가는 대밭

이 대숲이 있어 내 소년은 아름다이 물결쳤고
지금도 내 마음밭엔 대숲이 가득 자라고 있다

고향에 살자

친구들아 모여라 고향에 살자
은적산 줄기줄기 봉우리 맺고
골짜기 굽이굽이 냇갈 이루어
아담히 자리 잡은 아늑한 마을

친구들아 모여라 고향에 살자
뒷동산 비탈 잔디 미끄럼 타고
봄 삐비 뽑아다가 허기 채우고
산으로 들판으로 내달려 보자

친구들아 모여라 고향에 살자
버들가지 꺾어서 피리 만들어
보리밭 사이사이 릴리 릴리리
자운영 논에 가서 나비를 잡자

친구들아 모여라 고향에 살자
더우면 냇갈 가서 목욕을 하고
맑은 물 돌 밑에서 가재를 잡고

해거름 낚싯대로 피라미 낚자

친구들아 모여라 고향에 살자
월출산 천황봉에 보름달 뜨면
모두모두 손잡고 달빛을 밟고
달 따러 신작로길 뛰어가 보자

이승의 오두막 한 채

— 천운天雲 큰스님 다비식에서

온 숲이 숨죽여 합장하고 있다
시푸른 대나무 횃불을 치켜든
얼굴, 불빛 번뜩이는 얼굴들
산정에 누운 큰스님을 둘러싼다

'스님, 불 들어갑니다!'

주지스님의 목청이 떨려 울리자
일제히 불구덕에 불길을 지펴 넣는다
툭, 툭, 생나무 모가지 부러지는 소리
내 가슴을 훑고 가는 소나기 염불 소리
잿빛 연기가 혼불처럼 솟구쳐
허공허공 구름 타고 오른다

쌓아 올린 장작더미에
낡은 덕석 이엉 덮고 또 덮어
새하얀 천을 씌운 이승의 오두막 한 채

말씀도 혼백도 불길 속에 지워 버리며
열반에 들고 있다

미아 일기

1.

노랑 줄 주둥이 짜악 벌리고 짹짹인다 맥문동 길섶 개똥지빠귀 길 잃은 새끼 한 마리, 먹일 달라는 건가 제 어미 둥지를 찾아 달라는 건가 도시 읽어 낼 수 없는 속내를 목청껏 쏟아 낸다

세상 무서운 줄 아직 몰라 날지 못하는 날갯죽지 닥친 대로 구원을 청하는데 이름도 주소도 전화번호도 알 수 없는 미아, 일시보호소도 없다 어디선가 인연의 손을 놓쳐 버린 어린이 탯줄 찾는 애달픈 울음소리가 귀청을 때린다

우연의 찰나에서 한 생의 길이 갈린다던가, 한긋진 풀섶에 옮겨 주려다 문득 어미가 찾기 쉽게 그대로 놓아둔다 짹짹이는 소리 하늘 유리창 끝으로 멀어져 가는데 어린 운명의 안개길이 내 눈망울에 어려 뿌옇다

2.

안 놓이는 마음이 다시 그 자리로 발걸음을 이끈다
나무 그늘 바닥에 웅크려 근들근들
쩍쩍 주둥이를 벌리며 모가지를 치켜드는 새끼 새,
어느새 나뭇가지 사이 숨어들어 망을 보고 있었을까
가까이 다가서자 끼히 끼히 자지러지는 비명을 지르며
내 머리 위를 휙휙 스쳐나는 한 마리 새, 어미 새
새끼를 부리로 물고 갈 수도 발톱으로 감싸 안아 갈 수도 없어
'가라' '물러가라' 공포탄만 허겁지겁 쏘아 댄다
그제야 내 마음이 놓인다
어미 새, 새끼 새 뒤섞이는 천륜의 천둥 소리를 듣는다

상낙월 하낙월의 노래

돛배처럼 떠 있다 물오리 형제섬
서녘 외딴 바다에 상낙월
그 아래 하낙월 서로 손잡고

달려드는 파도, 파도의 젖가슴
섬 허리춤 껴안고 매달리며
문지르고 다듬어 낸 검은 돌
밤하늘 은하처럼 떠 있다

칠산바다 새우 떼 몰려드는 물때
멍텅구리배 천근만근 촘촘한
그물 끌어올려 붐비는 새우섬
당산제 풍어제 갯바람 속에 잠들어 버리고

뻥나루에서 바라보는 낙월 서녘
하늘바다 파시가 온통
저 홀로 붉게 타오른다

■ 작품 해설

자유에의 길, 사랑에의 길

김 재 홍

(문학평론가 · 경희대 명예교수)

우리는 어디에서 와서 어디로 가는 걸까? 이 물음은 동서고금을 막론하고 많은 예술가와 철학자, 그리고 종교가들은 물론 일반인들에게도 끊임없는 화두가 되어 왔다. 문자가 생겨나고 종이가 발달하는 것과 함께 인간의 감정과 생각이 기록되기 시작하면서부터, 아니 그 이전부터도 인간은 이 물음과 맞닥뜨려 왔다 해도 과언이 아닐 것이다.

철학자는 철학자대로, 종교가는 종교가대로 제 나름의 유토피아를 건설해 사람들에게 위안을 주려 하고 있지만 그러나 아무도 명확하게 해답을 내놓지는 못한 실정이다. 그도 그럴 것이 레테의 강을 건너 저세상 어느 곳으로 갔다가 다시 돌아온 사람은 유사 이래 아무도 없고 앞으로도 그럴 것이기

때문이다. 이 세상에 와야겠다 해서 온 것도 아니고, 또 언제 저세상 어느 곳으로 가고 싶다 해서 뜻대로 되는 것도 아니다. 아무것도 모르는 채 이 세상에 내던져져서 그 존재가 허락되는 날까지 살아가야 하는 의무만 있는 것이 우리네 목숨 가진 자들의 숙명인 것이다. 그렇다면 그 주어진 존재를 어떻게 살아가야 하겠는가? 시인은 스스로에게 진지하게 묻고 있다.

1. 자아성찰과 생의 탐구

시인의 새 시집에서 먼저 주목되는 것은 시인이 부단히 자신과 생에 대한 반성적 성찰을 제기하면서 생의 본성에 대한 탐구를 지속하고 있다는 점이다.

가파른 돌계단을 오른다
번쩍이는 하이힐, 구두, 새 운동화, 낡은 고무신
온갖 신발들이 저마다 삶을 이고
세상의 무게 잔뜩 지고 오른다

어느 산자락에 묻혔다가 나왔는가
깎이고 다듬어져 쓸모로 괴어진 돌들
고단한 생의 밑바닥을 한 발짝씩
하늘처럼 떠받치고 있다

신발 생김생김으로 빈부귀천을 가리지 않는다
신고 걷는 주인을 가타부타 따지지도 않는다
내리밟히는 바닥에서 짓눌리고 닳으면서
애오라지 신발들을 떠받들어 줄 뿐

저 무명의 바윗돌도 저러한데
나 언제 묵묵히 다른 이가 딛고 가는
디딤돌이 되어 준 적 있었던가

돌계단을 밟는 발부리가 찡 채찍으로 울려온다

—「돌계단 발부리가 찡하다」 전문

시인은 가파른 생의 돌계단을 오르며 생각한다. 사람이 살아 있다는 것은 무엇인가? 단순히 생물학적으로 보면 숨을 쉬고 세끼 밥을 먹고, 눈을 뜨고 감고, 생각하는 작용을 하는 순간의 연속이라 말할 수도 있지 않겠는가? 그러나 그러한 생물리학적인 작용만 운위한다면 진정한 의미에서 사람이 살아 있다고 말할 수 있겠는가? 진정한 의미의 '살아 있다' 라는 것은 사람다운 모습과 품격을 유지하고 있다는 뜻이 될 것이다. 사람답다는 것은 무엇일까? 혹자는 "사회에 해를 끼치지 않고 사회 구성원으로서 마땅히 해야 할 권리와 의무를 다하는 사람이면 사람다운 사람이라 할 수 있지 않겠는가?" 라고 말할지도 모른다.

그러나 시인은 그러한 차원을 한 단계 넘어서서 고단한 사람들이 딛고 갈 수 있는 쓸모 있는 바윗돌, 돌계단이 되기를 소원하고 있다. 타인이 만든 디딤돌을 딛고 올라 서서 제 길을 잘 걸어가기를 소망하기보다 오히려 자신이 남의 디딤돌이 되기를 기꺼이 희망하고 있다. 다시 말해 희생과 봉사의 삶을 살기를 원하고 있다는 뜻이다. 그것이 시인이 생각하는 '살아 있다' 라는 것에 대한 진정한 의미다. 빈부귀천을 가리지 않고 비단신을 신은 사람이든, 낡은 짚신을 신은 사람이든 누구나의 삶의 행로에 작은 디딤돌이 되기를 바라고 있는 것이다.

이것은 시인이 지금까지 살아온 삶의 정신적 내비게이션이요, 나침반이 되어 왔는지도 모르겠다. 40여 년간을 굵직한 공직에 있으면서 단 한번도 어떤 비리에 연루되거나 불명예스럽게 그 이름이 오르내린 적이 없는 것을 보면 평소 그의 삶이 어떠했는지 미루어 짐작할 수 있다. 시인은 애오라지 세상의 신발들을 떠받들며 묵묵히 무거운 짐을 지고 오르는 사람들의 등을 하늘처럼 떠받들고 있는 모습이다. 자신의 사리사욕을 채우기 위해 권력을 이용하거나 유용한 것이 아니라 기꺼이 사람들이 딛고 걸어갈 디딤돌이 되려고 노력해 왔던 것이리라.

시인은 이 점에서 시간에 대한 깊이 있는 자각과 성찰의 시를 통해 삶을 올곧게 이끌어 가는 일에 채찍의 끈을 놓치지 않고 있다.

1.
산골 간이역에서 시간 고속열차를 탔느니라

고빗길 평탄한 길 수없이 오내리며
거쳐 온 세상은 아름다웠어라

화평한 가정은 힘의 샘이었느니
신이 주신 귀한 가족이 있어
힘껏 뛸 수 있었고 행복했노라

2.
시간은 누구에게나 똑같이 왔다가
기다림 없이 지나가 버리는 것
무명의 이 시간을 네 것으로 만드는 것은 오직 너뿐
'걷는 자만이 앞으로 나아간다' 가훈 이어받아
분초를 하늘의 무게로 알고
너만의 땀으로 네 꼬리표를 붙여야 하리

3.
시간 고속열차는 무한에서 무한으로 달린다
그러나 사람은 누구나 어느 간이역에서
맨몸으로 혼자 내려야 하는 것
몸과 영혼은 가고 남는 것은 오직 이름뿐이리니
네 이름에 검은 덧칠을 하지 말아야 하리
정직, 성실, 신의의 표지를 쾅쾅 못 박아
간이역에 내릴 때 한 점 부끄럼이 없어야 하리

—「시간 고속열차를 타고—사랑하는 우진에게」 전문

시인은 시간의 흘러감을 고속열차를 탄 것과 같다고 말한다. 많은 인생의 선배들이 "시간은 금이다, 시간은 날아가는 화살과 같다, 또한 흐르는 물과 같다."라며 흘러가는 시간을 아쉬워하며 시간에 대해 가치를 부여하고 있는 것과 맥락을 같이한다. 이미 쏘아 버린 화살을 어찌 잡을 수 있으며, 흘러가는 강물을 또 어찌 붙들어 둘 수 있겠는가? 시인은 누구보다 시간의 유한성을 잘 인식하고 있다. 수많은 고빗길 세상길을 건너오면서 시인은 생에 깊이 감사하며, 아름답게 느끼려 애쓰며 그 공을 가족에게 돌리고 있다. 우리가 흔히 잃고 나서야 비로소 깨닫는 소중한 것들에 대한 가치를 그는 미리 깨닫고 잘 지켜 온 것이리라.

누구에게나 똑같이 주어지는 평등한 시간이지만 그가 누려 온 시간은 소중한 것들과 함께했었기에 가을 단풍잎처럼 아름답고 빛나는 모습을 하고 있다. 그것이 어디 그냥 주어졌겠는가? 시인은 '걷는 자만이 앞으로 나아간다.'라는 가훈을 목에 걸고 가슴에 새기며 분초를 아껴 땀으로 꼬리표를 붙이고 이 세상을 헤쳐 왔노라고 말하고 있다. 그렇다! 성공적인 삶은 그냥 주어지는 것이 아니다. 삶에서 눈물과 땀 없이 얻어지는 성공이란 없는 법이다. 그는 이제 언젠가 홀로 종착역에 내려야 하는 인생의 슬픈 뒷모습을 생각하고 있다. 아무도 항거할 수 없는 이 절체절명의 명령을 앞에 두고 그는 앞으로도 한 점 부끄럼이 없기를 갈망하고 있다는 것이다. 그러기 위해서 그는 스스로에게 정직과 성실, 신의의 표지를 꽝꽝 못 박으리라 다짐한다. 얼마나 치열한 생에 대한 자기 검열이고 염결한 성찰을 보여 주는 것이겠는가.

2. 존재와 자유에의 길

자유란 무엇인가? 그것은 외부의 구속이나 힘에 얽매이지 않고 자기 자유의지에 따라 무엇인가를 결정하고 실행할 수 있는 상태를 말한다. 자유롭지 못하다는 것은 어떤 행동을 함에 있어 전적으로 자신의 생각과 명령에 따른다기보다는 외부의 뜻을 따른다는 것이다. 아는 것이 많을수록, 많이 배우고 지위가 높을수록 그 아는 것이나 체면 의무 따위에 지배당하는 것은 비단 오늘날의 현상만은 아니다. 아는 것이 병이라는 말이 왜 나왔겠는가?

자유라는 개념에 비추어 본다면 자아비판에 준열한 사람일수록 자유에 대한 갈망이 더 간절하게 나타나는 것은 당연한 이치일 것이다. 시인의 시에도 자유에 대한 갈망이 지속적으로 드러나고 있어 주의를 환기한다. 시인의 가슴에도 미국의 독립운동가인 패트릭 헨리Patrick Henry의 "내게 자유가 아니면 죽음을 달라."는 절규가 고요하게 울려 퍼지고 있는 것이다. 사실 우리는 태어나면서부터 온갖 유무형의 감옥에 수감된 무기수인지도 모른다. 배고픔, 사랑에 대한 갈증, 성공과 인정받고자 하는 욕구, 생로병사, 희로애락, 애오욕, 온갖 인습과 관습, 규범 등 수도 없이 많은 내외적 감옥이 우리를 둘러싸고 있다. 자칫 한 발만 잘못 디뎌도 우리는 온갖 비난과 지탄을 받는 대상이 되고 만다. 또 양심은 얼마나 고통스럽게 스스로를 나무라곤 하는가? 시인이라고 예외는 아니었을 것이다. 오죽했으면 시인은 '그물에 갇혀 산다' 라고 했겠는가?

보이지 않는 일상의 그물이
꽁꽁 옭아매고 있다 나를
몸통과 마음속에 철골집을 짓고 사는
오랜 버릇과 잘못된 인습들

알 수 없는 틀 속에 누가
내 생각의 촉수를 가두어 버렸는가
상상의 날갯죽지 화알짝 펴지 못한 채
그 둘레만 솔개처럼 맴돈다

뿌리 깊은 습관의 손이
행동의 틀거리를 부여잡고
무의식의 들길을 온종일 쏘다닌다

누구를 보거나 무엇을 떠올리거나
고정관념의 색안경에 얼비쳐 흔들리는 모습들
어느새 또 다른 옷을 걸치고 다가온다

—「그물에 갇혀 산다」 부분

그러나 근본적인 면에서 시인의 자유를 구속하는 것은 외부에 있는 것이 아니라 바로 시인 자신일 것이 분명하다. 시인을 둘러싸고 있는 일상이 그러하고 그가 하는 생각, 고정관념, 오랜 버릇과 윤리도덕 및 습관이 온통 그를 얽어매고 있다. 외부의 적보다 내부의 적이 더 무서운 법이라는 말처럼 그도 이 도그마에 갇혀 허우적대고 있다. 아이러니하게도 시인의 도덕적 염결성과 준열한 자기성찰이 또 한편에서는 그를 구속하는 철골감옥이 되고 있는 것이다. 상상의 날갯죽지는 펴보지도 못한 채 낡아가고, 시인이 끼고 다니는 고정관념의 색안경이 주인이 되어 시인을 이리저리 끌고 다닌다. 이제 시인은 그러한 자신의 모습을 인식하고 그것들로부터 벗어나기를 갈망한다. 그러나 어찌하리. 자유에의 길은 요원하고 습관의 손은 그를 더욱 단단히 붙잡고 놓아주지 않으니 말이다.

온 숲이 숨죽여 합장하고 있다
시푸른 대나무 횃불을 치켜든
얼굴, 불빛 번뜩이는 얼굴들
산정에 누운 큰스님을 둘러싼다

'스님, 불 들어갑니다!'

주지스님의 목청이 떨려 울리자
일제히 불구덕에 불길을 지펴 넣는다
툭, 툭, 생나무 모가지 부러지는 소리
내 가슴을 훑고 가는 소나기 염불 소리
잿빛 연기가 혼불처럼 솟구쳐
허공허공 구름 타고 오른다

쌓아 올린 장작더미에
낡은 덕석 이엉 덮고 또 덮어
새하얀 천을 씌운 이승의 오두막 한 채
말씀도 혼백도 불길 속에 지워 버리며

열반에 들고 있다

—「이승의 오두막 한 채
—천운天雲 큰스님 다비식에서」 전문

인생이란 이런 것인가? 죽어서야 비로소 자유로워질 수 있는 것인가! 시인은 야속하게도 한 인생, 스님의 떠나가는 모습을 통해 그렇게도 갈망하던 자유의 맨얼굴을 바라보고 있는 것이다. 인간은 육신을 벗어던질 때 진정 자유로울 수 있는 것인가? 살아오면서 그가 얼마나 스스로를 다그치고 모질게 채찍질 했으면 비로소 혼백이 되어서야 영원한 자유로서 해탈, 즉 열반에 든다고 깨달음을 토로하고 있겠는가? 시인의 이러한 깨침이 앞으로 시인의 시 쓰기에 어떤 모습으로 얼비치게 될까 미루어 짐작해 볼 뿐이다.

3. 분단 현실과 통일에의 길

같은 언어를 사용하고 같은 얼굴을 하고 있고, 같은 질곡의 역사를 함께 헤쳐 나온 한핏줄 한민족이 서로 오고 가지도 못하고, 보고 싶어도 볼 수가 없다. 아니 좀 더 구체적으로 비유해 한방 안에서 잠을 자고 깨어나 아침상을 같이 하고 같은 일을 놓고 함께 고민하던 부부였던 사람들, 그리고 부모 형제들, 그런데 그들이 다시 마주해 속삭이는 다정한 모습을 볼 수가 없다. 도대체 이 기막힌 분단의 현실을 무슨 논리와 궤

변으로 설명할 수 있겠는가? 우리 민족의 현실과 분단 그리고 통일, 이 단어를 앞에 놓고 가슴 울렁거려 본 적이 없는 사람은 아마도 우리나라 사람이 아닐 것이다. 그러기에 시인은 꿈에도 그리운 사랑하는 연인을 찾아, 부모 형제 그리고 지금쯤 하얀 백발이 되었을, 어쩌면 이 세상 사람이 아닐지도 모르는 소꿉동무를 찾아 돌아오지 않는 다리, 판문점 앞에서 빈 하늘을 올려다보며 한 마리 새가 되어 북녘으로 날아가고 있는지도 모른다.

검은 띠 한 줄이
길쭉한 책상 한가운데를 가로지른다
차안과 피안을 나눈다

금단의 선을 사이에 두고
목청에 가시가 돋치는 자리
손기手旗만한 유엔 깃발만
귀를 펄럭이며 무언의 소리를 듣고 있다

목숨 걸어 밀고 밀리다가
멈추어 선 검은 피의 휴전선인가
목이 조인 채 눈초리가 팽팽하다

밖에는 가랑비만 하염없이 내리고
도끼만행 표지판이 빗물에 젖고 있는데
대못 붙박인 돌아오지 않는 다리
말없이 북쪽 땅으로 이어달린다

철조망을 날아 귀순해 오는 까마귀 한 쌍
까아악 까아악 빈 하늘에 울음소리를 떨구며
다시 북녘 하늘로 날아간다

—「돌아오지 않는 다리—판문점에서」 전문

검은 띠 한 줄, 분단의 38선 하나가 나누어 버린 피안과 차안의 경계가 싸늘하게 다가온다. 우리의 경우 남과 북의 모습이 그렇지 아니한가? 원수도 아니면서 서로 죽고 죽일 것 같은 그런 모습으로 살아가고 있는 것이 우리 민족의 참담한 현실이고 불편한 진실이 아닌가 말이다. 불편한 것은 개선되어야 하고 극복되어야 하는 것이 순리이고 대자연의 법칙이고 우주질서에 해당한다. 시인은 서로의 목청에 가시가 돋쳐 아무말이 없는 금단의 선을 사이에 두고 목이 조인 채 서로 눈초리만 팽팽한 판문점에서 돌아오지 않는 다리를 건너 북쪽으로 달려가고 싶어 하지만 그곳은 갈 수 없는 나라, 돌아오지 못하는 금단의 땅인 것이다. 철마는 힘차게 소리를 내지르며 북으로 북으로 달려가고 싶어 한다. 보고 싶고 만나야 할 필연적인 이유가 있는 우리의 핏줄 부모 형제, 산과 강, 그리고 하늘과 땅, 들녘의 역사가 거기서 따로따로 흘러가고 있기 때문이다.

「광화문 다시 열리다」「독도에 가다」「천안함은 죽어서 말한다」「통일기원비 북녘 향해 우뚝하다」 등 시인의 시편들 곳곳에 분단 극복과 통일에 대한 염원이 간절히 담겨 있어 한때 나라 살림의 한 부분을 책임졌던 고위관료의 한 사람으로서 더욱 깊은 회한을 엿볼 수 있게 해 준다. 언제쯤 저 철조망을 걷어 내고 가슴에 그어 놓은 한스러운 검은 줄 휴전선을 치워 버리고 너와 내가 하나가 되어 목 놓아 울 그날이 올 것인가? 시인의 속울음이 그칠 그날이 올까? 말 없는 북녘 하늘을 올려다보며 시인은 압록강 건너 유라시아대륙으로 하염없이 달려가고 있다.

4. 방외인outsider과 소외 극복을 위하여

시인의 시에는 소외계층들이 자주 등장한다. 노점상 할머니, 리어카 행상, 걸인 등 시인의 시 속에 등장하는 방외인들은 하나같이 비바람 풍상세월 속에서 한 끼 밥을 벌기 위해, 살아남기 위해 막다른 생의 골목으로 내몰린 사람들이다. 가난 구제는 나라 님도 어쩌지 못한다 했던가? 자본주의 물질만능의 시대에서 상대적 박탈감은 날로 심각해 가고 기본적인 의식주마저 위협당하고 있는 풍요 속의 빈곤 문제를 어떻게 해결해야 할 것인가?

선거 때만 되면 많은 후보자들은 금방이라도 새 세상을 만들어 줄 것처럼 구호를 외쳐 대지만 지나고 나면 그뿐, 빈부격차는 점점 심화되고, 계층 간의 갈등과 계층의 계급화는 가속화돼 가고 있다. 가난이 대물림되고, 개천에서 용이 나던 시대는 이미 지나갔다. 젊은이들은 더 이상 꿈을 꾸지 않고, 성인들은 자포자기 희망을 잃어 가는 이러한 불연속성과 불

확정성의 시대 속에서 방외인들의 고통이야 말해 무엇하겠는가? 어려움도 기쁨도 함께 나누던 우리의 전통은 점점 시들어 가고 개인주의, 이기주의가 심화돼 가고 있는 것이 현실이다. 이러한 현실 속에서 방외인들이 설 자리는 어디인가? 시인은 이러한 방외인들의 생존 현실을 관심 있게 들여다보며 문제를 제기 하고 있어 눈길을 끈다.

얼어붙은 목소리 한 줄기가
입춘 추위 속 명동 가로에 서성이는
내 눈길을 끌어당긴다

바람벽 없는 난장가게
낡아 버린 널빤지에 목걸이 브로치 귀걸이
장신구들 목숨처럼 풀어 놓고
눈 빠지게 기다리는 아주머니

햇볕 아니라 선보일 물건 가리지 말라는데
목덜미까지 중무장하고 지나가는
발걸음들, 눈길 하나 보내지 않는구나

빈손에 어둠을 산처럼 지고 허방지방
집 안을 들어설 뒷모습이 아른거린다
고층 빌딩 차가운 그늘에 가려진
한 생애가 내 가슴속 깊은 상처로 후벼든다

—「가리지 말고 비켜 주세요
—이 시대의 방외인들 · 1」 전문

위의 시에는 거리를 가다 보면 흔히 볼 수 있는 도시의 어두운 풍경화 한 폭이 리얼하게 제시돼 있다. 난방을 해도 한기가 스미는 한겨울, 노박이로 찬바람을 맞으며 하루 종일 길가에 서서 싸구려 물건들을 내어놓고 파는 노점상들의 모습이 그것이다. 몸이라도 성하면 그나마 다행이다. 휠체어에 앉거나 한 손이 불편하거나 등의 장애를 가진 사람들이 아무도 거들떠보지 않는 물건을 벌여 놓고 하루 종일 손님을 기다리고 있는 모습을 보는 것은 그리 어려운 일이 아니다. 그 앞을 지나치며 도대체 하루에 몇 가지나 제대로 팔릴까 생각하곤 하지 않는가.

똑같이 세상에 나와 어떤 이는 손에 물 한 번 안 묻히고 잘 살아가고, 어떤 이들은 어린 시절부터 죽을 고생을 하더니 성인이 되어서까지 고생이란 고생은 다 하며 살아가는 사람을 볼 때 인간의 운명이라는 것을 생각해 보게 된다. 니체의 말을 빌리지 않아도 신은 죽었거나 무능력해진 것이 아닐까? 인간의 불행에는 커트라인이 없고, 또 축복은 너무 편중되어 있는 것을 도대체 무슨 논리로 설명할 수 있을까? 목소리마저 얼어붙는 추위 속에서 한 끼 식사를 벌기 위해 고무다리를 하고 배로 기어가는 사람, 가짜 장님 행세를 하며 구걸을 하는 지하철 안의 걸인들, 천 길 낭떠러지 외줄에 매달린 빌딩 청소부들, 태산처럼 어두운 운명을 지고 살아가는 방외인들, 그들의 운명을 누가 진정 함께하고 책임질 수 있겠는가? 시인은 다만 노래할 뿐이다. 이 한 편의 시가 그들에게 조금이라도 위로가 될 수 있기를 시인은 바라고 있는 것이 아니겠는가.

5. 고향 사랑, 나라 사랑, 겨레 사랑의 길을 향하여

시인의 전 시집『자운영 논둑길을 걸으며』에서 시인은 광주의 무등산을 노래한 바 있다. 이번 시집에서 시인은 공간을 좀 더 구체화시켜 그가 태어나고 자란 전남 영암의 월출산을 구체적 · 직접적으로 노래하고 있다. 시인의 고향 사랑, 나라 사랑의 정신이 한층 더 심화되고 구체화되었다는 뜻이 될 수 있으리라.

수구초심이란 말이 있던가? 나이가 들어갈수록 고향 쪽으로 마음이 기울어 가는 것은 어찌할 수 없는 인지상정이 아니겠는가? 일반적인 사람의 고향 사랑은 단순한 귀소본능으로 볼 수 있지만 시인의 고향 사랑은 나아가서 조국애, 나라 사랑의 또 다른 표현일 것이다. 시인은 오랫동안 공직에 몸담아 왔다. 그가 고향을 그리워하는 것은 단순히 한 개인이 태어난 곳을 그리워한다기보다는 더 근본적인 뿌리에 대한 애착의 정신, 나라 사랑, 겨레 사랑의 정신에 근거한다고 볼 수 있다. 시인의 시에 자주 등장하는 백제시대의 대학자 왕인박사를 보아도 알 수 있다.

동녘 하늘 머리 이고 솟아올라서
말갛게 씻은 해와 달을 띄워 올리니
낭주골 온 누리가 밝고 환하구나
월출산은 우리 마음의 고운 빛살이어라

온 땅의 생명 기운 한데 모두어

봉우리 드높이 치솟아 오르니
가슴마다 스미는 기氣 넘치는구나
월출산은 우리 혼의 기상이어라

하얀 이마 번뜩이는 천황봉 아래
왕인박사 도선국사 우뚝 섰으니
골골마다 문화꽃 향기 은은하구나
월출산은 가없는 우리 자랑이어라

—「월출산 연가」 전문

월출산은 그의 고향 마을 영암의 명산이자 시인에게 있어 나라 사랑의 직접적인 한 표상이기도 하다. 더 나아가 민족의식, 역사의식의 한 표출로도 볼 수 있다. 월출산 줄기 아래에서 백제의 대학자 왕인박사가 태어나고 도선국사가 태어나지 않았던가?

왕인박사는 누구이던가? 백제를 문화 강국으로 이끌었을 뿐만 아니라 이웃 일본에 우리의 우수한 백제 문화를 전해 준 대학자이자 선구적 외교관이 아니던가? 또 도선국사는 누구던가? 우리나라의 발전을 막기 위해 산세를 끊어 놓으려는 중국에 맞서 백두산에서 중국을 향해 철 방아를 찧어 중국의 위인들을 죽게 만들었다는 전설이 남아 있을 정도로 나라를 사랑하던 큰스님이 아니던가? 시인은 이 두 위인들을 배출한 시인의 고향, 영암 월출산을 자랑스럽게 여기며 그 뜻을 이어받기를 원하고 있다. 그것은 곧 시인의 나라 사랑, 겨레 사랑의 큰 뜻으로 이어져 오늘날 왕인국화축제로 꽃피우고 있다.

왕인꽃문 들어서니 꽃바람벽 둘러치고
월출산 코끼리 사슴 토끼 모다 내려와 꽃불놀이 한창이다

한 뿌리 수만 송이 숭얼숭얼 피어나
강강술래 가솔들 꽃동산으로 화목해라

어디서 들리는가 은은한 산조散調가락
내 마음 강물에 평화의 꽃배를 띄우네

—「왕인의 바다에 평화의 꽃배를 띄운다
—왕인국화축제에 부처」 부분

왕인박사 축제를 통해 시인은 궁극적으로 평화로운 세상의 도래를 꿈꾸고 있는 것이다. 남과 북이 나뉘고, 영호남이 갈라지고, 정당정파가 서로 자신들의 이익만을 위해 다투고 있을 때 그 사이에서 새우등 터져 신음하는 것은 결국 우리의 헐벗고 굶주린 백성들인 것이다. 우리나라만큼 대내외적으로 전쟁을 많이 겪은 나라도 드물 것이다. 멀게는 신라와 백제 삼국 시대로부터, 가깝게는 남한과 북한, 삼팔선을 사이에 두고 아직도 끝나지 않은 전쟁의 상태로 인해 오늘날에도 얼마나 많은 사람들이 희생되고 분단의 아픔을 겪고 있는가? 크고 작은 도발과 대응으로 인해 생떼 같은 자식을 잃고 울부짖는 부모들의 애통함을 누가 보상해 줄 수 있겠는가?

시인은 그 옛날 왕인박사가 거닐던 "성기동에서 문산재로 번어 가는/ 외나무 호젓한 다리길"(「왕인 오솔길을 걸으며」)에서와 같이 고향 땅을 거닐며 역사 회복, 인간 회복의 꿈을

꾼다. 하루 속히 통일의 그날이 와서 우리의 핏줄 속에 스미어 흐르는 왕인의 맑은 정기를 다시 뭉쳐 하나 된 평화로운 나라를 만들어 가기를…… 시인의 가열찬 시 작업은 바로 그러한 나라를 만들어 가기 위한 정신적 분투이자 초석의 노력이 될 것이 분명하지 않겠는가?

새삼 중견 시인으로서 자리 잡은 그간의 성실한 분발과 노고를 기리면서 앞날의 정진을 진심으로 축수 드린다.

시인 전석홍 全錫洪

전남 영암 출생
서울대학교 문리과대학 정치학과 졸업
『시와시학』으로 등단
저서 『소도읍개발론』
시집 『담쟁이 넝쿨의 노래』
『자운영 논둑길을 걸으며』
『내 이름과 수작을 걸다』
『시간 고속열차를 타고』
전라남도 도지사 역임

E-mail: sukhjun@hanmail.net

시간 고속열차를 타고

지은이 | 전석홍
펴낸이 | 김재돈
펴낸곳 | 도서출판 시와시학
1판1쇄 | 2012년 11월 20일
출판등록 | 2010년 8월 10일
등록번호 | 제2010-000036호
주소 | 서울 종로구 명륜동1가 42
전화 | 744-0110
FAX | 3672-2674

값 10,000원

ISBN 978-89-94889-46-7 03810